Robert Berkeley

Kreativ Kochen

PAPRIKA

Abkürzungen:

g   Gramm
kg   Kilogramm
ml   Milliliter
l   Liter
TL   Teelöffel (gestrichen)
EL   Esslöffel (gestrichen)
°C   Grad Celsius

Hinweise:

Bei der Verarbeitung von rohen Eiern in einer Zubereitung sollte auf
größtmögliche Frische geachtet werden. Vor allem bei einem schwachen
Immunsystem und in einer Schwangerschaft sollte auf den Genuss roher
Eier möglichst verzichtet werden.

Die angegebenen Backofentemperaturen in Grad Celsius beziehen sich auf
den Elektroherd mit Ober- und Unterhitze. Wenn Sie mit Umluft arbeiten,
reduzieren Sie die Temperatur um 15–20 %. Die Backzeit bleibt gleich.

© der englischen Originalausgabe: 1992 by Quarto Publishing plc. London
Originaltitel: Peppers

Layout: Lesley Ehlers
Textlayout der deutschen Ausgabe: Magdalene Krumbeck
Fotos: Eric Jacobson
Übersetzung: Renate Kunze
Redaktion: lüra-Service für Verlage, Wuppertal/Ralf Labitzky
Satz und Herstellung: lüra-Service für Verlage, Wuppertal

817 2635 4453 6271

10804X03 02 01 00

Kalte Kartoffel-Pasillachili-Suppe

MITTELSCHARF

VORWORT

Die Paprika, eine der ersten Pflanzen, die auf dem amerikanischen Kontinent angebaut wurden, stammt ursprünglich aus Südamerika. Sie verbreitete sich von dort aus nach Norden und Osten sowie nach Mittel- und Nordamerika und in die Karibik. Christoph Kolumbus kehrte Ende des 15. Jahrhunderts mit einer Reihe landwirtschaftlicher Produkte von den Karibischen Inseln nach Europa zurück. Unter ihnen befanden sich Paprikaschoten. Dank Kolumbus werden Paprika heute auf fast jedem Kontinent angebaut. Diese ungewöhnlich aromatischen und oft auch scharfen Schoten sind so beliebt, dass viele Länder und Kulturen sie als Bestandteil ihrer kulinarischen Identität verstehen. Die mexikanische Küche zum Beispiel ist ohne ihre deftigen Chilisoßen oder pikante frische Chili-Salsas kaum vorstellbar. Und was wäre die koreanische Küche ohne ihre allgegenwärtige Pungent Kimchis oder die indische ohne ihre würzigen Vindaloos?

Capsicum, so der botanische Name, gibt es in Hunderten von Arten. Ein verbreitetes Hilfsmittel zur Kategorisierung der vielen Paprikasorten ist das der Schärfe oder Würze. Die Schärfe einer Paprikaschote wird von einer Chemikalie namens Capsaicin erzeugt, einer Substanz, die so belastbar ist, dass sie ihre Stärke bei fast jeder Verarbeitungsmethode beibehält. Der Scoville-Test, benannt nach seinem Erfinder Wilbur L. Scoville, ist eine standardisierte Methode, mit der man die Intensität der Schärfe einer Paprikaschote misst. Der Test ermittelt die Capsaicin-Konzentration numerisch auf einer Skala von 0 (Gemüsepaprika, Sweet Peppers) bis 300.000 (Habanero-Chilis) und mehr. Je höher die Zahl, umso schärfer die Schote. Der Scoville-Test kann nur für einzelne Schoten exakte Werte angeben, aber Paprikaschoten ein und derselben Art können sehr unterschiedliche Capsaicin-Konzentrationen aufweisen. Vor diesem Hintergrund haben wir das Buch in vier Kapitel von mild bis scharf eingeteilt, je nach den durchschnittlichen Scoville-Einheiten einer Paprikaart. In unserem Paprikaführer auf den Seiten zwölf bis 15 sind die verwendeten Paprikasorten und ihr ungefährer Schärfewert in Scoville-Einheiten aufgeführt. Die meisten Rezepte in diesem Buch enthalten einen Hinweis darauf, dass die Samen vor der Verarbeitung aus der Schote entfernt werden sollten. Die Samen beeinflussen die Konsistenz des Gerichts und können eine recht große Menge an Capsaicin enthalten. Von allen Teilen der Schote enthalten jedoch die Scheidewände die höchste Konzentration an Capsaicin. Sie sollten immer dann entfernt werden, wenn weniger Schärfe gewünscht ist. Beim Verarbeiten der schärfsten Schoten ist es ratsam, Gummihandschuhe zu tragen – Capsaicin kann Hautreizungen hervorrufen. Achten Sie besonders darauf, dass Sie nicht unwillkürlich Ihre Augen reiben oder andere empfindliche Körperstellen berühren, wenn Sie gerade scharfe Paprika angefasst haben – und seien es auch nur getrocknete gewesen.

Nachdem ich viel mit Paprikaschoten experimentiert habe, habe ich festgestellt, dass weniger ihre unterschiedlichen Schärfegrade als vielmehr ihre unterschiedlichen Geschmacksrichtungen charakteristisch für die einzelnen Sorten sind. Deshalb habe ich bei der Auswahl von Rezepten für jede Paprikasorte nicht ihren Schärfegrad in den Vordergrund gestellt, sondern mich auf Rezepte konzentriert, die den besonderen Geschmack einer Sorte zur Geltung bringen. Darum ist nicht jede scharfe Paprikavariante zwangsläufig in ein scharfes Rezept integriert. Allerdings ist zum Beispiel die scharfe Habanero-Chili-Soße, die fast vollkommen aus Habanero-Chilis besteht, geradezu höllisch scharf. Die kalten Garnelen mit Cayenne-Majonäse dagegen, bei denen die Dip-Soße nur ein bisschen Cayennepfeffer enthält, muss nicht durchdringend scharf sein – die Intensität kann verändert werden, indem man mehr oder weniger Pfeffer verwendet.

Wenn Sie versehentlich in eine Schote beißen, die Ihnen viel zu scharf ist – was man für gewöhnlich erst merkt, wenn es bereits zu spät ist – gibt es eine Reihe von Hilfsmitteln. (Letztendlich können Sie Ihre Empfindlichkeit gegen die Schärfe der Schoten abbauen und werden allmählich immer schärfere Chilis essen können, ohne auf diese Heilmittel zurückgreifen zu müssen.) Viele Menschen empfehlen, Tomatensaft zu trinken oder eine frische Zitrone oder Limone zu essen. Dahinter steht der Grundgedanke, dass die Säure der Alkalität des Capsaicins entgegenwirkt. Manche Leute essen erst dann scharfe Paprikasorten, wenn sie einen Krug kaltes Wasser griffbereit in der Nähe stehen haben, obwohl dies wahrlich nicht die beste Vorsichtsmaßnahme ist: Das Capsaicin löst sich nicht in dem Wasser, sondern es wird stattdessen im gesamten Mundbereich verteilt. Hilfreicher ist es, Milch zu trinken (wobei Sie beim Trinken den Mund damit durchspülen sollten) sowie Reis oder Brot zu kauen, die das Capsaicin besser absorbieren. Mein eigener Lieblingskonter gegen einen scharfen Chili-Angriff besteht ganz einfach darin, noch eine Schote zu essen. Und wenn das nicht hilft, dann essen Sie noch eine.

Wenn Sie frische Paprika kaufen, wählen Sie immer feste Schoten, nie eingefallene oder schrumpelige. Paprika zeigen ihre Reife für gewöhnlich, indem sie sich von Grün ins Rote bzw. Orangefarbene verfärben; je reifer die Paprika, umso ausgereifter ist auch der Geschmack. Viele Arten gibt es jedoch in einer Vielzahl von Farben, von einem blassem Chartreuse bis zu einem intensiven Dunkelgrün und von Hellgelb bis zu Orange und leuchtend Rot. Es gibt sogar violettschwarze Paprika auf dem Markt. Obwohl diese merkwürdigerweise beim Kochen grün werden, sind sie in einem Gericht recht auffällig, wenn sie roh verwendet werden.

Man kann eine Paprikaschote auf verschiedene Arten vorbereiten. Bei vielen Speisen empfiehlt es sich, die Paprikaschote zu rösten und zu schälen. Einige Paprikasorten sind, meist auf Wochenmärkten oder in internationalen Feinkostläden, bereits in diesem Zustand erhältlich (oft unter der Bezeichnung „Pimientos"). Aber die Auswahl ist begrenzt, und sie sind nur selten so gut wie die, die man zu Hause vorbereitet. Am häufigsten werden die roten und gelben Gemüsepaprikas geröstet. Andere Schoten lassen sich sicher ebenfalls so behandeln, aber die milden Gemüsepaprikas eignen sich durch ihr dickes Fleisch und ihr süßliches Aroma am besten für diese spezielle Zubereitung. Es gibt zwei gleich gute Methoden, eine Paprikaschote zu rösten. Die erste besteht darin, die Schote in einer flachen Backform in einen sehr heißen Ofen zu legen. Lassen Sie sie für etwa 30 Minuten im Ofen oder einfach so lange, bis die Haut dunkel und schrumpelig wird und sich vom Fleisch löst. Wenden Sie sie dabei von Zeit zu Zeit. Nehmen Sie die Paprikaschote aus dem Ofen, legen Sie sie in eine Schüssel und decken sie gut ab. Lassen Sie die Paprika wieder etwa 30 Minuten lang abkühlen. Ziehen Sie die Haut mit sauberen Händen sorgfältig von der Schote ab, und fangen Sie dabei die aromatische Flüssigkeit auf, die aus der Schote austritt. Versuchen Sie nicht, Zeit zu sparen, indem Sie die Schote beim Schälen unter fließendes Wasser halten. Auf diese Weise geht viel von dem wertvollen Aroma verlorenverlorengeht. Werfen Sie die Haut, den Stiel und die Samen fort. Gebackene Paprikaschoten können in Stücke geschnitten und mehrere Wochen lang in ihrem eigenen Saft und etwas Olivenöl im Kühlschrank gelagert werden.

Eine andere Art, eine Paprikaschote zu rösten, besteht darin, sie direkt über oder unter eine offene Flamme zu legen. Dazu kann ein Gartengrill, ein Gaskocher oder ein Ofengrill verwendet werden. Durch die große Nähe zur Hitzequelle verbrennt die äußere Schicht der Schote, und die Haut verkohlt. Wenn man jedoch aufpasst und die Paprika häufig wendet, sodass nur die Haut verbrennt, wird das Fleisch der Paprikaschote den Prozess unbeschadet überstehen. Auch hier sollten Sie die Paprika anschließend abdecken, abkühlen lassen und schälen. Mit der Rückseite eines kleinen Messers lässt sich die verkohlte Haut manchmal leichter entfernen.

Das Rösten von anderen Paprikaschoten als den Gemüsepaprika erfordert etwas mehr Wachsamkeit, da ihr Fleisch nicht so dick ist. Geröstete Paprika können pur, als Garnitur oder als Beilage zu gegrilltem Hühnchen oder Fisch gegessen werden. Sie können püriert und zu einer Suppe verarbeitet werden, wie in der Suppe aus gelben, gerösteten Gemüsepaprika (Seite 28), oder sie können in Streifen geschnitten und in einen Salat gegeben werden, wie zum Salat aus gerösteten roten Paprika und grünen Bohnen (Seite 32). Oder sie können mit anderen Zutaten kombiniert und zum Mittelpunkt einer Mahlzeit werden wie beim marinierten Paprika-Pilz-Relish (Seite 40).

Das Einlegen ist eine beliebte Art, Paprikaschoten vorzubereiten und eine gute Möglichkeit, sie zu konservieren sowie etwa die Schärfe einer scharfen Chili ein wenig zu mildern. Der Geschmack wird natürlich durch die anderen Zutaten beeinflusst, in und mit denen Sie die Paprika einlegen. Traditionell werden Essig, Zucker und Salz verwendet, doch zum

Beispiel Knoblauch, Zwiebeln oder Samen (wie Koriander und Kümmel) und Kräuter (zum Beispiel Dill) können dem Geschmack eingelegter Paprika ganz neue und unerwartete Nuancen verleihen. Es kann vorkommen, dass die Paprika ein wenig an Farbe verlieren, doch wenn sie an einem kühlen Standort ohne direkte Lichteinstrahlung stehen, können sie für mehrere Monate oder sogar Jahre eingelegt bleiben. Mein Lieblingsrezept für eingelegte Paprika ist das scharfe Habanero-Chili-Chutney (Seite 116), das aus eingelegten, klein geschnittenen Schoten besteht. Das Aroma ist ausgeprägt und sehr scharf, doch wenn es in kleinen Portionen zu einem Gericht aus Reis und Bohnen oder zu Gemüsemais gereicht wird, würzt es perfekt.

Auch durch Trocknen lassen sich Paprika konservieren. Getrocknete Paprikaschoten sind inzwischen vielerorts erhältlich, und sei es über den Versandhandel, doch sie lassen sich auch sehr leicht zu Hause zubereiten und ergänzen jede Küche auf erlesene Weise. Das Trocknen ist zudem narrensicher. Verwenden Sie hierfür zum Anfang Schoten, die zumindest teilweise rot (reif) sind, und halten Sie sich an die Arten mit dünnem Fleisch (Sweet Peppers und Jalapeño-Chilis zum Beispiel lassen sich nicht gut trocknen). Wenn Sie in einer trockenen, sonnigen Region leben, binden Sie die Schoten an den Stielen zusammen und hängen sie für mehrere Tage zum Reifen und Trocknen in die Sonne. Um sie im Haus zu trocknen, können Sie die Paprikaschoten in einen handelsüblichen Dörrapparat legen. Oder Sie trocknen die Schoten einfach über sechs bis acht Stunden bei 95 °C im Ofen. Bewahren Sie getrocknete Paprikaschoten an einem trockenen Ort auf. Sie können sie ganz, zerkleinert oder entkernt sowie zu feinem Pulver gemahlen verwenden.

Während sowohl geröstete als auch eingelegte Paprika häufig ohne jede weitere Zubereitung gegessen werden, müssen getrocknete Paprika in irgend einer Weise aus dem Konzentrat wieder aufbereitet werden, bevor sie gegessen werden können. Es gibt verschiedene Arten, dies zu tun. Eine besteht darin, ganze getrocknete Paprikaschoten für etwa 20 Minuten in heißem Wasser oder Tee einzuweichen. Die Haut kann dann für gewöhnlich, so gewünscht, ohne Schwierigkeiten abgelöst werden (vor allem bei den größeren Arten). Werfen Sie die Stiele und Samen fort, dann können Sie sie zubereiten. Eine andere

Möglichkeit, einer getrockneten Paprikaschote wieder Flüssigkeit hinzuzufügen, besteht darin, sie ganz einfach einem Gericht beizugeben: Ganze getrocknete Paprika, die in eine köchelnde Flüssigkeit oder in einen Eintopf hineingegeben werden, verleihen dem Gericht ein würziges Aroma, werden jedoch nach dem Kochen meistens aus dem Gericht herausgenommen und nicht mitgegessen. Zerkleinerte oder gemahlene Schoten können fast jedem Gericht während des Kochens beigefügt und sogar, wie Salz und schwarzer Pfeffer, als Gewürz verwendet und auf saftige Speisen gestreut werden. Getrocknete Paprikaschoten können fast jedem Gericht eine besondere Geschmacksnote verleihen, wenn sie in Maßen und wie ein Gewürz verwendet werden.

Paprika gibt es unter einer Vielzahl von Bezeichnungen, je nachdem, wo Sie leben. Bis vor kurzem war es beispielweise bei britischen Gemüsehändlern üblich, zwischen milden „Paprika" und scharfen „Chilis" zu unterscheiden. Dazwischen war wenig. In New York dagegen ist die Auswahl sehr groß, und ein und dieselbe Sorte kann unter verschiedenen Namen gehandelt werden. Einmal fragte ich nach Rocotillo-Chilis und ging leer aus, doch ich schaute mich ein wenig um und fand sie unter dem Namen Aji (was an anderen Orten

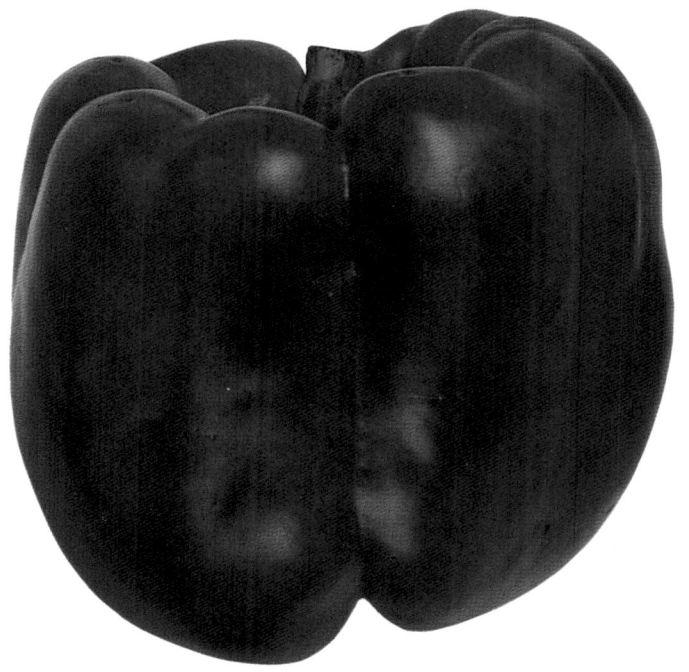

ein allgemeiner Begriff für jede scharfe Chilisorte ist). Habanero-Chilis heißen manchmal Scotch Bonnets, und Ancho-Chilis werden häufig mit Poblano-Chilis verwechselt, wobei sich diese beiden Namen für gewöhnlich auf die frische (Poblano) und die getrocknete (Ancho) Variante derselben Frucht beziehen. In Deutschland werden Sie vor allem in den internationalen Gemüsehandlungen, die zumindest in den Städten inzwischen zum Alltagsbild zählen, vielfältigste Sorten von Paprikaschoten in unterschiedlichsten Zubereitungen finden. Wenn Sie sich auf die Suche nach den Schoten machen, ganz gleich ob frisch oder getrocknet, dann müssen Sie ein bisschen Experimentierfreude mitbringen und bereit sein, eine Variante zu kosten, die Sie nicht kennen – frische Paprika sind besonders saisonabhängig, und die Verfügbarkeit von frischen und getrockneten Schoten wechselt je nach regionalen Vorlieben.

Es gibt keine Regeln dafür, welche Paprika man ersatzweise für eine Paprika verwenden kann, die gerade nicht erhältlich ist. Lassen Sie sich von Ihrem Geschmacksempfinden leiten: Nehmen Sie an Stelle des Originals eine Schote mit einem ähnlichen Geschmack und einer ähnlichen Beschaffenheit, wenn Sie den grundlegenden Charakter des Gerichts beibehalten wollen. Ersetzen Sie also zum Beispiel eine milde Paprikasorte durch eine andere milde Sorte, eine scharfe Cayenneschote durch mehrere Pequin-Chilis oder zwei beißend scharfe Serrano-Chilis durch eine Thai-Chili. Sie können, ganz kreativ, die Rezepte ändern, indem Sie zum Beispiel die vergleichsweise milde Rocotillo-Chili an Stelle der feurigen Habanero-Chili verwenden. Es gibt Hunderte von Paprikageschmacksrichtungen auf der Welt, schrecken Sie vor keiner zurück!

PAPRIKAFÜHRER

MILD

Gemüsepaprika
0 Scoville-Einheiten;
im Handel frisch
(grün, rot, gelb,
orange und violett).

Sweet Pepper
0 Scoville-Einheiten;
im Handel frisch
(für gewöhnlich hellgrün,
manchmal orange bis rot).

PIKANT

Peperoni
500-1.000 Scoville-Einheiten;
im Handel frisch (rot oder grün);
getrocknet (rot).

Kirschpaprika
100-500 Scoville-Einheiten;
im Handel eingelegt (rot oder grün);
gelegentlich frisch.

Pasilla-Chili
1.000-1.500 Scoville-Einheiten;
im Handel getrocknet (dunkel, rotbraun);
die frische Form ist der Chilaca-Chili.

Peperoncini
100-500 Scoville-Einheiten;
im Handel eingelegt
(hellgrün);
gelegentlich frisch
oder getrocknet.

Poblano-Chili
1.000-1.500 Scoville-Einheiten;
im Handel frisch (meistens
dunkelgrün, manchmal rot);
die getrocknete Form ist der
Ancho-Chili.

Ancho-Chili
1.000-1.500 Scoville-Einheiten;
im Handel getrocknet (rötlich schwarz;
die frische Form ist der Poblano-Chili).

MITTELSCHARF

Jalapeño-Chili

2.500-5.000 Scoville-Einheiten; im Handel frisch (meistens grün, manchmal rot); eingelegt; die geräucherte Form ist der Chipotle-Chili.

Rocotillo-Chili

1.500-2.500 Scoville-Einheiten; im Handel frisch (hellgrün und gelb bis orange und rot).

Chipotle-Chili

2.500-5.000 Scoville-Einheiten; im Handel geräuchert, dann entweder getrocknet (hellbraun) oder in Dosen; die frische Form ist der Jalapeño-Chili.

Wachspaprika

5.000-10.000 Scoville-Einheiten; im Handel frisch (hellgelb).

Guajillo-Chili

2.500-5.000 Scoville-Einheiten; im Handel getrocknet (dunkelrot).

SCHARF

Cayennepfeffer
30.000-50.000 Scoville-Einheiten;
im Handel getrocknet (rot);
gelegentlich frisch (rot oder grün).

Pequin-Chili
auch Vogel-Chili oder Vogelaugen-Chili genannt;
30.000-50.000 Scoville-Einheiten; im Handel
getrocknet (rot); gelegentlich frisch
(rot oder grün) oder eingelegt (grün).

Pequin-Chili
auch Vogel-Chili oder Vogelaugen-Chili genannt;
30.000-50.000 Scoville-Einheiten; im Handel
getrocknet (rot); gelegentlich frisch
(rot oder grün) oder eingelegt (grün).

Habanero-Chili
100.000-300.000 Scoville-Einheiten;
im Handel frisch (hellgrün und gelb
bis orange und rot).

Thai-Chili
50.000-100.000 Scoville-Einheiten;
im Handel frisch (meistens rot oder grün).

Serrano-Chili
10.000-23.000 Scoville-Einheiten;
im Handel frisch (meistens rot,
manchmal grün oder gelb).

Mild

Paprika-Frittata mit Schinkenspeck

1 grüne Gemüsepaprika
2–3 Frühlingszwiebeln
6 dünne Streifen durchwachsener
Schinkenspeck
8 Eier
4 EL Milch
Salz
Pfeffer

■ **TIPP**

Sie können die Frittata frisch zubereitet, also heiß, servieren, aber sie ist auch abgekühlt köstlich.

Vorbereitung

Paprikaschote entkernen und in grobe Streifen schneiden.

Frühlingszwiebeln in Ringe schneiden.

Ofen auf 230 °C (Gas Stufe 8) vorheizen.

Zubereitung

1 Braten Sie den Schinkenspeck bei geringer Hitze in einer ofenfesten Bratpfanne knusprig. Nehmen Sie ihn aus der Pfanne und legen Sie ihn auf Küchenpapier. Behalten Sie das Fett in der Pfanne.

2 Geben Sie nun die Paprikastücke und die Frühlingszwiebeln hinein und braten beide bei mittlerer Hitze kurz an, bis sie weich sind. Stellen Sie die Temperatur herunter, zerrupfen Sie den Schinkenspeck und braten ihn mit.

3 Verschlagen Sie die Eier mit der Milch in einer Schüssel. Gießen Sie die Mischung in die Pfanne und verrühren sie rasch mit der Paprika, den Zwiebeln und dem Schinkenspeck. Garen Sie das Ganze bei niedriger Hitze, bis die Frittata fast vollkommen fest ist. Würzen Sie sie mit Salz und Pfeffer.

4 Stellen Sie sie zum Nachgaren für zwei bis drei Minuten in den Ofen.

Ergibt vier Portionen
Zubereitungszeit: 30 Minuten

Sweet-Pepper-Brot mit Zwiebeln

2 Sweet Peppers
1 kleine Zwiebel
1 EL Zucker
25 g frische Hefe
180 ml Wasser
400 g Weizenmehl
1 EL Salz
2–3 EL Olivenöl

■ **TIPP**

Das Brot schmeckt am besten frisch, kann aber auch aufgebacken werden.

Vorbereitung

Paprikaschoten entkernen und in kleine Würfel schneiden.

Zwiebel schälen und in Würfel schneiden.

Zubereitung

1 Lösen Sie den Zucker und die Hefe in vier Esslöffeln lauwarmem Wasser auf. Stellen Sie die Mischung für fünf bis zehn Minuten beiseite, bis sie schaumig ist.

2 Mischen Sie das Mehl in einer großen Schüssel mit dem Salz. Verrühren Sie 175 Milliliter lauwarmes Wasser gründlich mit dem Mehl. Geben Sie die aufgegangene Hefe dazu und vermengen alles, bis die ganze Flüssigkeit aufgesogen ist.

3 Kneten Sie den Teig einige Minuten lang auf einer bemehlten Fläche, bis er geschmeidig wird. Fügen Sie die Pepper- und Zwiebelwürfel hinzu und bearbeiten den Teig, bis die Gemüsewürfel gleichmäßig darin verteilt sind. Formen Sie den Teig zu einer glatten Kugel. Bestreichen Sie die Innenfläche einer Schüssel großzügig mit Olivenöl. Legen Sie den Teig in die geölte Schüssel. Wenden Sie ihn, bis er rundum mit dem Öl bedeckt ist.

4 Stellen Sie die Schüssel, mit einem feuchten Tuch abgedeckt, für anderthalb bis zwei Stunden an einen warmen Platz, damit der Teig gehen kann. Wenn der Teig auf die zweifache Größe aufgegangen ist, klopfen Sie ihn wieder klein. Kneten Sie ihn weitere ein bis zwei Minuten.

5 Formen Sie zwei Kugeln und bestäuben diese mit etwas Mehl. Schneiden Sie jede Kugel auf der Oberseite kreuz- oder streifenweise ein (etwa einen Zentimeter tief), damit das Brot beim Backen nicht aufbricht.

6 Legen Sie den Teig auf ein Backblech, bedecken Sie ihn mit einem Baumwolltuch, stellen Sie ihn an einen warmen Platz und lassen ihn für weitere 45 Minuten aufgehen.

7 Heizen Sie den Ofen auf 200 °C (Gas Stufe 6) vor.

8 Nach dem zweiten Aufgehen nehmen Sie das Tuch fort und backen das Brot 30 bis 40 Minuten lang, bis es bei einem Klopfen auf die Kruste hohl klingt.

Ergibt zwei kleine Laibe
Zubereitungszeit: 4 Stunden

Suppe aus gelben, gerösteten Gemüsepaprika

6 gelbe Gemüsepaprika
1 l Hühnerbrühe
Salz
Pfeffer

Vorbereitung

Ofen auf 200 °C (Gas Stufe 6) vorheizen.

Paprika waschen.

Zubereitung

1 Legen Sie die Paprikaschoten in eine flache Backform und rösten sie 20 bis 30 Minuten lang. Dabei sollten Sie sie gelegentlich wenden, bis die Haut dunkel wird und aufplatzt und die Schoten weich sind.

2 Die Paprikaschoten kommen nun zusammen mit der ausgetretenen Flüssigkeit in eine Schüssel. Decken Sie sie gut ab und lassen Sie sie auskühlen.

3 Wenn die Paprikaschoten ausgekühlt sind, schälen und entkernen Sie sie, jedoch wegen des Aromas nicht unter kaltem Wasser.

4 Pürieren Sie das Paprikafleisch zusammen mit der ausgetretenen Flüssigkeit mit einem Mixer oder in einer Küchenmaschine. Gießen Sie die Masse in einen großen Kochtopf.

5 Fügen Sie die Hühnerbrühe hinzu und bringen alles zum Kochen. Mit Salz und Pfeffer abschmecken.

Ergibt vier Portionen
Zubereitungszeit: 1 Stunde

■ **TIPP**

Die Suppe schmeckt ganz heiß am besten. Sie kann mit einem Teelöffel geschlagener, ungesüßter Sahne serviert werden.

Jakobsmuschel-Paprika-Spiesse

1 große, gelbe Gemüsepaprika
1 Orange
Pflanzenöl
4 Spieße
16 große Jakobsmuscheln

▪ TIPP

Richten Sie die Teller mit enthäuteten Orangenfilets an.

Vorbereitung

Paprika entkernen und in zweieinhalb Zentimeter große Quadrate schneiden.

Orange vierteln.

Grill auf höchster Stufe vorheizen oder einen Holzkohlegrill vorbereiten. Den Bratrost mit etwas Pflanzenöl einfetten, damit nichts daran festklebt.

Zubereitung

1 Stecken Sie auf jeden Spieß abwechselnd vier Jakobsmuscheln und vier Paprikastücke.

2 Legen Sie die Spieße auf den Grill und drücken ein Orangenviertel darüber aus.

3 Grillen Sie die Spieße unter gelegentlichem Wenden etwa fünf Minuten (bis die Jakobsmuscheln ihre Glasigkeit verlieren). Beträufeln Sie die Spieße bei jedem Wenden mit Orangensaft.

Ergibt zwei bis vier Portionen
Zubereitungszeit: 20 Minuten

SALAT AUS GERÖSTETEN ROTEN PAPRIKA UND GRÜNEN BOHNEN

225 g grüne Bohnen

120 g dicke, weiße oder grüne Bohnen (Dose oder tiefgefroren)

2 rote Gemüsepaprika

3 EL Rotweinessig

6 EL kaltgepresstes Olivenöl

½ TL gemahlener Kreuzkümmel

Salz

Pfeffer

■ **TIPP**

Dieser Salat passt hervor-ragend zu Grillfleisch oder Braten.

Vorbereitung

Ofen auf 200 °C (Gas Stufe 6) vorheizen.

Grüne Bohnen putzen.

Dicke Bohnen aus der Dose abtropfen lassen oder Tiefkühlbohnen auftauen.

Zubereitung

1 Legen Sie die Paprikaschoten in eine flache Backform und rösten sie 20 bis 30 Minuten lang. Dabei sollten Sie sie gelegentlich wenden, bis die Haut dunkel wird und aufplatzt und die Schoten weich sind.

2 Die Paprikaschoten kommen nun zusammen mit der ausgetretenen Flüssigkeit in eine Schüssel, wo sie gut abgedeckt auskühlen müssen.

3 Während die Paprikaschoten auskühlen, bringen Sie in einem mittleren Topf Wasser zum Kochen.

4 Legen Sie die grünen Bohnen in das kochende Wasser und blanchieren sie eine Minute lang. Gießen Sie sie in einem Sieb ab und halten sie unter fließendes, kaltes Wasser, bis sie gründlich ausgekühlt sind.

5 Schneiden Sie die Bohnen in dünne Streifen und stellen sie beiseite.

6 Wenn die Paprikaschoten ausgekühlt sind, können Sie sie schälen und entkernen. (Halten Sie sie beim Schälen nicht unter fließendes Wasser.)

7 Schneiden Sie die Paprikaschoten in Streifen und legen sie mit ihrem Saft in die Schüssel zurück. Geben Sie die grünen und die dicken Bohnen dazu.

8 Verrühren Sie in einer anderen Schüssel den Essig, das Öl, den Kreuzkümmel und Salz und Pfeffer.

9 Gießen Sie abschließend die Marinade über den Salat und mischen Sie ihn gründlich durch.

Ergibt vier Portionen
Zubereitungszeit: 1 Stunde

Sweet Peppers mit Hühnchen- und Pinienkernfüllung

8 Sweet Peppers

Estragon

225 g fein gehacktes Hühnerfleisch

60 g Pinienkerne

1 Eiweiß

4 EL süße Sahne

½ TL frischer oder ¼ TL getrockneter

Salz

Pfeffer

Pflanzenöl

▥ TIPP

Bitten Sie Ihren Metzger, das Hühnerfleisch für Sie durch den Fleischwolf zu drehen. Sie können statt des Hühnergehackten auch Brät aus feinen Geflügelwürstchen verwenden.

Vorbereitung

Ofen auf 180 °C (Gas Stufe 4) vorheizen.

Paprikaschoten von Stielen und Kernen befreien und halbieren.

Frischen Estragon klein hacken.

Zubereitung

1 Geben Sie das Hühnerfleisch, die Pinienkerne, das Eiweiß, die Sahne und den Estragon in eine Schüssel. Würzen Sie mit Salz und Pfeffer. Mischen Sie alles sorgfältig.

2 Füllen Sie die Paprika gleichmäßig mit der Hühnerfleischmischung. Legen Sie sie in eine leicht gefettete Backform und stellen diese in den Ofen.

3 Backen Sie die gefüllten Paprikaschoten etwa 30 Minuten lang, bis sie zart sind.

**Ergibt vier Portionen
Zubereitungszeit: 45 Minuten**

Paprikakonfetti-Pizza

1 grüne Gemüsepaprika
1 rote Gemüsepaprika
1 gelbe Gemüsepaprika
2 Frühlingszwiebeln
7 g Trockenhefe
2 EL Zucker
225 g Weizenmehl
Salz
6–10 EL Pflanzenöl

■ **TIPP**

**Bestreuen Sie die Pizzen
vor dem Servieren mit frisch
geriebenem Parmesan.**

Vorbereitung

Paprikaschoten entkernen und würfeln.

Frühlingszwiebeln in Ringe schneiden.

Zubereitung

1 Geben Sie die Hefe, den Zucker und vier Esslöffel lauwarmes Wasser in eine Schüssel. Wenn die Hefe nach etwa fünf bis zehn Minuten schäumt, verrühren Sie sie mit einer Prise Salz, zwei Esslöffeln Öl und dem Mehl.

2 Kneten Sie den Teig mit den Händen durch. Formen Sie ihn zu einer glatten Kugel und legen ihn wieder in die Schüssel. Stellen Sie die Schüssel, mit einem feuchten Tuch abgedeckt, an einen warmen Platz, damit der Teig gehen kann (etwa 30 Minuten).

3 Erhitzen Sie zwei Esslöffel Öl bei mittlerer bis schwacher Hitze in einer Bratpfanne. Geben Sie die Paprika und die Frühlingszwiebeln hinein. Braten Sie sie ungefähr zehn Minuten lang in der abgedeckten Pfanne, bis sie zart sind. Stellen Sie die Pfanne beiseite.

4 Teilen Sie den aufgegangenen und erneut gut durchgekneteten Teig in vier gleich große Teile. Streuen Sie ein wenig Mehl auf Ihre Arbeitsfläche. Rollen Sie jedes Teigstück zu einem runden Pizzaboden von ca. 15 Zentimeter Durchmesser aus.

5 Erhitzen Sie zwei Esslöffel Öl bei mittlerer bis großer Hitze in einer Bratpfanne.

6 Legen Sie einen Pizzaboden etwa eine Minute lang in das heiße Öl, bis er goldbraun ist. Braten Sie ihn nach dem Wenden noch eine Minute lang.

7 Lassen Sie ihn auf Küchenpapier abtropfen. Backen Sie auf diese Weise auch die anderen drei Böden aus.

8 Geben Sie, wenn nötig, Öl in die Pfanne. Halten Sie die gebratenen Pizzaböden im Ofen warm.

9 Wärmen Sie die Pfanne mit der Paprikamischung bei mittlerer Hitze auf. Verteilen Sie die Mischung gleichmäßig auf den vier Böden.

**Ergibt vier Portionen
Zubereitungszeit: 1 Stunde 15 Minuten**

KALBFLEISCHROULADEN MIT SWEET-PEPPER-FÜLLUNG

2 Sweet Peppers
3 Frühlingszwiebeln
120 g Spinat (frisch oder tiefgefroren)
4 Kalbsschnitzel à 120 g
3 EL Pflanzenöl
Salz
Pfeffer

■ **TIPP**

Servieren Sie die Rouladen auf einem Spinatbett.

Vorbereitung

Paprika entkernen und in Würfel schneiden.

Frühlingszwiebeln in Ringe schneiden.

Frischen Spinat waschen oder Tiefkühlspinat auftauen lassen und grob hacken.

Kalbsschnitzel sehr dünn klopfen.

Ofen auf 230 °C (Gas Stufe 8) vorheizen.

Zubereitung

1 Erhitzen Sie einen Esslöffel Öl bei mittlerer Hitze in einer Bratpfanne.

2 Geben Sie die Peppers und die Frühlingszwiebeln hinein. Braten Sie sie etwa fünf Minuten, bis sie weich sind.

3 Fügen Sie den Spinat hinzu und erhitzen alles zusammen einige Sekunden lang, bis der Spinat durchgewärmt ist.

4 Nehmen Sie die Mischung vom Herd, würzen Sie sie mit Salz und Pfeffer und lassen sie abkühlen.

5 Wenn die Paprikamischung so abgekühlt ist, dass man sie anfassen kann, verteilen Sie sie gleichmäßig auf den Kalbsschnitzeln.

6 Rollen Sie die Kalbsschnitzel ein und binden Sie jede Roulade mit einem ungebleichten Faden zusammen.

7 Erhitzen Sie das restliche Öl in einer flachen, feuerfesten Form. Braten Sie die Kalbsrouladen darin auf allen Seiten an.

8 Wenn sie braun sind, stellen Sie die Form für etwa fünf Minuten in den Ofen.

9 Lösen Sie vor dem Servieren den Faden ab und schneiden Sie die Rouladen in Scheiben.

Ergibt zwei Portionen
Zubereitungszeit: 45 Minuten

MARINIERTES PAPRIKA-PILZ-RELISH

120 g Pilze
2 Frühlingszwiebeln zur Garnitur
(wahlweise)
1 gelbe Gemüsepaprika
1 rote Gemüsepaprika
2 Lorbeerblätter
125 ml Apfelessig
2 EL Zucker

■ **TIPP**

Garnieren Sie das Relish nach Belieben mit den Frühlingszwiebeln.

Vorbereitung

Ofen auf 200 °C (Gas Stufe 6) vorheizen.

Pilze vierteln.

Frühlingszwiebeln in Ringe schneiden.

Zubereitung

1 Rösten Sie die Paprikaschoten 20 bis 30 Minuten lang in einer flachen Backform. Dabei sollten Sie sie gelegentlich wenden.

2 Wenn die Haut dunkel ist und aufplatzt, die Schoten also weich sind, kommen die Paprikaschoten zusammen mit der ausgetretenen Flüssigkeit in eine Schüssel, wo sie gut abgedeckt auskühlen sollen.

3 Schälen und entkernen Sie die ausgekühlten Paprikaschoten. Sammeln Sie die austretende Flüssigkeit in einer Schüssel. (Halten Sie die Paprika beim Schälen nicht unter fließendes Wasser.)

4 Schneiden Sie die Schoten in Streifen.

5 Geben Sie Paprikastreifen, Pilze, Lorbeerblätter, Essig und Zucker in die Schüssel. Vermengen Sie alles gründlich miteinander.

6 Stellen Sie das Relish für mindestens eine Nacht (oder bis zu einer Woche) abgedeckt in den Kühlschrank.

Ergibt sechs Portionen
Zubereitungszeit: 1 Stunde plus Marinierzeit

PICKLES AUS SWEET PEPPERS, MÖHREN UND BLUMENKOHL

4 Möhren
1 kleiner Blumenkohl
8 Sweet Peppers
1–1,5 l Reisessig
4 EL Zucker
2 EL Koriandersamen

■ **TIPP**

Pickles halten sich in einem verschließbaren Gefäß mehrere Wochen lang im Kühlschrank.

Vorbereitung

Möhren schälen und in Scheiben schneiden.

Blumenkohl in kleine Röschen schneiden.

Paprika entkernen und in große Ringe schneiden.

Zubereitung

1 Legen Sie die Möhrenstücke und Blumenkohlröschen in einen Dämpfeinsatz oder ein Sieb und stellen Sie den Einsatz oder das Sieb in einem großen Kochtopf.

2 Gießen Sie ein wenig Wasser in den Topf, setzen Sie den Deckel auf und dämpfen Sie das Gemüse, bis es gerade anfängt, zart zu werden, aber immer noch Biss hat.

3 Schrecken Sie die Möhren und den Blumenkohl unter kaltem, fließendem Wasser ab, bis sie kalt sind.

4 Lassen Sie sie abtropfen, fügen Sie die Paprika hinzu, und geben Sie alles in einen Zwei-Liter-Topf.

5 Mischen Sie einen Liter Essig, den Zucker und die Koriandersamen. Gießen Sie die Mischung über das Gemüse. Falls es nicht vollständig bedeckt ist, müssen Sie noch Essig hinzufügen.

6 Stellen den Topf zugedeckt mindestens zwei Tage lang kalt, bevor Sie die Pickles servieren.

Ergibt zwei Liter
Zubereitungszeit: 30 Minuten plus Einlegezeit

PAPRIKA-TOMATEN-SAFT

1 große, reife Fleischtomate
1 große rote Gemüsepaprika

Vorbereitung

Fleischtomate in zwei Hälften und entkernen.

Paprikaschote entkernen und in grobe Stücke schneiden.

Zubereitung

1 Pürieren Sie die entkernte Tomate und die grob geschnittene Paprika in einem Mixer.

2 Seihen Sie die Flüssigkeit ab. Servieren Sie sie gekühlt.

Ergibt zwei Portionen
Zubereitungszeit: 10 Minuten plus Kühlzeit

■ TIPP

Geben Sie der Mischung vor dem Pürieren einige Blättchen frischen Dill oder Basilikum bei.

Pikant

PEPERONCINI-ROASTBEEF-RAGOUT

1 kleine Zwiebel
6 getrocknete oder eingelegte Peperoncini
2 kleine neue Kartoffeln
120 g Roastbeef
2 EL Pflanzenöl
4 EL Hühner- oder Rinderbrühe
Salz
Pfeffer

Vorbereitung

Zwiebel in Würfel schneiden.

Getrocknete Peperoncini grob zerkleinern oder eingelegte Peperoncini entkernen und grob zerkleinern.

Kartoffeln in Würfel schneiden (wahlweise mit oder ohne Schale).

Roastbeef in Würfel schneiden.

Zubereitung

1 Erhitzen Sie das Pflanzenöl in einer großen Bratpfanne bei mittlerer bis hoher Hitze. Braten Sie die Zwiebelstücke und die Peperoncini darin etwa zehn Minuten lang, bis sie leicht gebräunt sind.

2 Fügen Sie das Roastbeef hinzu und lassen es eine Minute lang mitbraten.

3 Geben Sie Brühe, Salz und Pfeffer dazu, aber seien Sie vorsichtig mit dem Salz, da die Brühe bereits salzig sein kann.

4 Kochen Sie die Mischung etwa 15 Minuten lang unter gelegentlichem Rühren Sie bei mittlerer Hitze um, bis die Flüssigkeit verdampft ist und die Kartoffeln gar sind.

Ergibt zwei Portionen
Zubereitungszeit: 30 Minuten

Lachs mit Peperoni und Limone

1 frische, rote oder grüne Peperoni
6 Limonen
1 EL Pflanzenöl
500 ml Fischbrühe
4 Lachsfilets à 175 g
4 EL süße Sahne

■ **TIPP**

Servieren Sie den Lachs mit Toast und grünem Salat.

Vorbereitung

Peperoni entkernen und in Würfel schneiden.

Limonen in Hälften schneiden und auspressen.

Zubereitung

1 Erhitzen Sie das Öl in einer großen Bratpfanne. Braten Sie die Peperoni darin zwei bis drei Minuten lang, bis sie gerade weich werden.

2 Gießen Sie den Limonensaft dazu. Bringen Sie das Ganze zum Kochen. Reduzieren Sie die Flüssigkeit, bis nur noch ein oder zwei Esslöffel übrig sind.

3 Fügen Sie die Fischbrühe hinzu und lassen sie aufkochen. Schalten Sie die Hitze so herunter, dass die Flüssigkeit nur noch leicht köchelt.

4 Legen Sie die Lachsstücke mit der Fleischseite nach oben in die Pfanne. Pochieren Sie sie für etwa zehn Minuten, bis das Fleisch fest, aber nicht verkocht ist.

5 Legen Sie den Lachs auf einen Teller, und stellen Sie ihn in den Kühlschrank.

6 Verrühren Sie langsam die Sahne mit der Pochierflüssigkeit. Lassen Sie sie dabei bei ganz schwacher Hitze köcheln.

7 Wenn die Soße allmählich eindickt, können Sie zwei Esslöffel davon über den an einem kühlen Ort abkühlenden Lachs geben.

8 Wiederholen Sie das alle paar Minuten, bis die ganze Soße auf den Fisch verteilt ist. Die Soße ist zu Anfang eventuell noch etwas dünnflüssig, doch bei den letzten Löffeln wird sie recht dickflüssig sein.

9 Servieren Sie den Fisch gekühlt.

Ergibt vier Portionen
Zubereitungszeit: 1 Stunde

KALTE KARTOFFEL-PASILLACHILI-SUPPE

2 getrocknete Pasilla-Chilis
1 mittelgroße Zwiebel
2 große mehligkochende Kartoffeln
1 EL Pflanzenöl
500 ml Hühnerbrühe
Salz
Pfeffer

■ TIPP

Garnieren Sie die Suppe vor dem Servieren mit frischen Kräutern oder Frühlingszwiebelringen.

Vorbereitung

Chilis 30 Minuten lang in heißem Wasser einweichen, anschließend klein hacken.

Zwiebel klein hacken.

Kartoffeln schälen und in Scheiben schneiden.

Zubereitung

1 Erhitzen Sie das Öl in einem mittelgroßen Kochtopf bei mittlerer Hitze. Braten Sie die Zwiebelstücke darin etwa fünf Minuten an, bis sie glasig sind. Fügen Sie die Kartoffelscheiben hinzu und schmoren sie ein paar Minuten lang mit.

2 Gießen Sie die Hühnerbrühe dazu. Lassen Sie sie aufkochen und reduzieren Sie dann die Hitze und lassen die Brühe etwa 20 Minuten lang köcheln, bis die Kartoffeln sehr weich sind. Nehmen Sie den Topf zum Abkühlen vom Herd.

3 Zerdrücken Sie die Kartoffeln mit dem Kartoffelstampfer (Sie können sie auch durch ein Sieb passieren) und rühren sie unter die Brühe. Geben Sie die Chilis sowie Salz und Pfeffer hinzu. Lassen Sie die Suppe vor dem Servieren an einem kühlen Ort gründlich abkühlen.

Ergibt vier Portionen
Zubereitungszeit: 40 Minuten plus Abkühlzeit

AUSGEBACKENE POBLANO-RINGE MIT AVOCADO-DIP

Für den Dip:
1 Limone
1 reife Avocado
4 EL saure Sahne

Für die Chiliringe:
3 Poblano-Chilis
750 ml Pflanzenöl
150 g Mehl
1 TL Salz
1 TL gemahlener schwarzer Pfeffer
250 ml Buttermilch

Vorbereitung

Limone in Hälften schneiden und auspressen.

Avocado schälen und Kern entfernen.

Chilis entkernen und in einen halben Zentimeter breite Ringe schneiden.

Zubereitung

Dip:

1 Zerdrücken Sie die Avocado mit einer Gabel in einer Schüssel.

2 Geben Sie den Limonensaft und die saure Sahne dazu. Verrühren Sie das Ganze zu einer glatten Masse.

3 Stellen Sie den Dip bis zum Servieren in den Kühlschrank.

Chiliringe:

1 Erhitzen Sie das Öl bei mittlerer bis großer Hitze in einem großen Kochtopf. Falls es raucht, nehmen Sie den Topf vom Herd, verringern die Hitze ein wenig und stellen den Topf zurück. Beachten Sie die nötigen Vorsichtsmaßnahmen für das Frittieren in heißem Öl!

2 Mischen Sie das Mehl in einem tiefen Teller mit Salz und Pfeffer. Wälzen Sie einen Chiliring im Mehl. Klopfen Sie überschüssiges Mehl ab, tauchen den Ring in die Buttermilch und dann noch einmal in das Mehl.

3 Legen Sie ihn vorsichtig in das heiße Öl. Frittieren Sie ihn, bis er leicht gebräunt ist. Wiederholen Sie den Vorgang mit den anderen Chiliringen. Geben Sie nicht zu viele Ringe auf einmal in den Topf – am besten nur drei oder vier Ringe gleichzeitig.

4 Legen Sie die frittierten Chiliringe zum Abtropfen auf Küchenpapier. Halten Sie sie bis zum Servieren warm.

Ergibt vier bis sechs Portionen
Zubereitungszeit: 45 Minuten

GEFÜLLTE EIER MIT KRABBENFLEISCH UND PASILLA-CHILIS

12 Eier
1 getrockneter Pasilla-Chili
4–5 frische Estragonblätter
oder ¼ TL getrockneter Estragon
120 g weißes Krabbenfleisch ohne Schale
3 EL Majonäse
2 EL Dijonsenf

Vorbereitung

Eier hart kochen.

Chili für 30 Minuten in heißem Wasser einweichen, anschließend entkernen und klein hackenkleinhacken.

Frische Estragonblätter fein hacken.

Zubereitung

1 Halbieren Sie die Eier der Länge nach. Geben Sie die Eigelbe in eine Schüssel, während Sie die Eiweißhälften beiseite legen.

2 Verrühren Sie die Eigelbe, den gehackten Chili, den Estragon, das Krabbenfleisch, die Majonäse und den Senf gut mit einer Gabel.

3 Füllen Sie die Eigelbmischung mit Hilfe eines Spritzbeutels oder eines Löffels in die Eierhälften.

Ergibt 24 Stück
Zubereitungszeit: 45 Minuten

MEERESFRÜCHTETOPF MIT PEPERONI

1 kleine Zwiebel
2 frische rote oder grüne Peperoni
6 Miesmuscheln
6 Venusmuscheln
1 Frühlingszwiebel
6 große, rohe Garnelen
1 EL Pflanzenöl
2 x 300 g dünne, ungesüßte Kokosmilch
in Dosen

■ TIPP

Dosenkokosmilch können Sie in asiatischen Lebensmittelgeschäften kaufen.

Vorbereitung

Zwiebel in kleine Würfel schneiden.

Peperoni entkernen und in Stücke schneiden.

Muscheln unter fließendem Wasser abbürsten.

Frühlingszwiebel in große Stücke schneiden.

Garnelen schälen und säubern.

Zubereitung

1 Erhitzen Sie das Öl in einen großen Kochtopf bei mittlerer Hitze. Braten Sie darin die Zwiebel- und Peperonistücke etwa fünf Minuten, bis sie weich sind.

2 Geben Sie die Miesmuscheln, die Venusmuscheln, die Kokosmilch und die Frühlingszwiebel dazu. Bringen Sie das Ganze zum Kochen; reduzieren Sie dann die Hitze, bis die Flüssigkeit nur noch köchelt.

3 Fügen Sie die Garnelen hinzu, decken Sie den Topf mit einem Deckel ab und lassen die Mischung ein paar Minuten lang kochen, bis die Muscheln sich öffnen und die Garnelen nicht mehr glasig sind.

Ergibt zwei Portionen
Zubereitungszeit: 45 Minuten

SEETEUFEL MIT GERÖSTETEN KIRSCHPAPRIKA UND AUBERGINE

1 kleine Aubergine
2 Knoblauchzehen
450 g Seeteufelfilet
2 Zweige frischer Oregano oder 1 TL
getrockneter Oregano
6 eingelegte Kirschpaprika (oder frische
Kirschpaprika, wenn erhältlich)
6 EL Olivenöl
Salz
Pfeffer
4 EL Mehl

Vorbereitung

Ofen auf 180 °C (Gas Stufe 4) vorheizen.

Aubergine schälen und in ein Zentimeter große Würfel schneiden.

Knoblauchzehen in dünne Scheiben schneiden.

Fischfilet in fünf Millimeter dicke Medaillons schneiden.

Frischen Oregano hacken.

Zubereitung

1 Rösten Sie die Paprikaschoten in einer flachen Backform 20 bis 30 Minuten lang im Ofen. Dabei sollten Sie sie gelegentlich wenden.

2 Wenn die Haut dunkel wird und aufplatzt und die Schoten weich sind, kommen die Paprikaschoten zusammen mit der ausgetretenen Flüssigkeit in eine Schüssel, sodass sie gut abgedeckt auskühlen können.

3 Schälen und entkernen Sie die Paprikaschoten. Sammeln Sie die austretende Flüssigkeit in der Schüssel. Schneiden Sie die geschälten Schoten in große Stücke. Legen Sie sie in die Schüssel zurück.

4 Erhitzen Sie vier Esslöffel Olivenöl in einer Bratpfanne bei mittlerer Hitze. Geben Sie die Aubergine, den Knoblauch, die Paprikastücke mit ihrem Saft, den Oregano und Salz und Pfeffer hinein. Braten Sie alles bei reduzierter Hitze etwa fünf Minuten lang, bis die Aubergine gar ist. Stellen Sie die Mischung warm.

5 Erhitzen Sie zwei Esslöffel Olivenöl in einer separaten Bratpfanne bei mittlerer bis hoher Hitze. Bestäuben Sie die Seeteufelmedaillons leicht mit Mehl. Braten Sie sie etwa drei bis fünf Minuten, bis sie auf beiden Seiten gebräunt und innen gar sind.

6 Lassen Sie die Fischstücke auf Küchenpapier abtropfen.

7 Servieren Sie sie mit der Paprika-Auberginen-Mischung.

Ergibt vier Portionen
Zubereitungszeit: 1 Stunde 15 Minuten

Schweinekoteletts mit Ancho-Chilisosse

4 Ancho-Chilis

1 mittelgroße Zwiebel

2 Knoblauchzehen

1 Orange

2 EL Pflanzenöl

4 große Schweinekoteletts

4 EL weißer Essig

¼ Tasse Hühnerbrühe

3 EL brauner Zucker

3 EL Tomatenketchup

■ **TIPP**

**Als Beilage eignen sich
Zucchini oder Blumenkohl.**

Vorbereitung

Chilis für 30 Minuten in heißem Wasser einweichen.

Zwiebel hacken.

Knoblauchzehen in Scheiben schneiden.

Orange halbieren und auspressen.

Ofen auf 180 °C (Gas Stufe 4) vorheizen.

Zubereitung

1 Erhitzen Sie einen Esslöffel Öl in einem großen, flachen, feuerfesten Schmortopf. Braten Sie die Schweinekoteletts bei mitterer Hitze von beiden Seiten gut an.

2 Garen Sie die Koteletts in der Form für zehn bis 15 Minuten lang im Backofen weiter.

3 Während die Schweinekoteletts schmoren, erhitzen Sie das restliche Öl bei mittlerer Hitze in einer Bratpfanne. Braten Sie die Zwiebel und den Knoblauch darin etwa fünf Minuten, bis sie weich sind.

4 Fügen Sie die Chilis, den Essig, den Orangensaft, die Brühe und den braunen Zucker hinzu. Erhitzen Sie die Mischung und lassen sie eine Minute kochen.

5 Geben Sie den Tomatenketchup hinzu. Lassen Sie alles bei reduzierter Temperatur etwa zehn Minuten lang köcheln.

6 Wenn die Chilis sehr weich sind, pürieren Sie die ganze Mischung in einem Mixer oder passieren sie durch ein Sieb. Servieren Sie sie mit den Schweinekoteletts.

**Ergibt vier Portionen
Zubereitungszeit: 45 Minuten**

POBLANO-CHILI MIT RINDFLEISCH-OLIVENFÜLLUNG

4–5 Schalotten

2 Knoblauchzehen

450 g Rindfleisch

16 grüne entsteinte Oliven

8 Poblano-Chilis

1 EL Pflanzenöl

300 ml Hühnerbrühe

2 EL Kapern

2 EL Gewürzpaprika

▓ TIPP

Sie können statt klein geschnittenen Rindfleischs auch grobes Hackfleisch verwenden.

Vorbereitung

Schalotten hacken.

Knoblauchzehen in dünne Scheiben schneiden.

Rindfleisch in einen Zentimeter große Stücke schneiden.

Oliven halbieren.

Deckel von den Chilischoten abschneiden und Samen und Scheidewände entfernen.

Stiele aus den Deckeln entfernen und restliche Deckelteile klein schneiden.

Zubereitung

1 Erhitzen Sie das Öl in einem mittelgroßen Kochtopf bei mittlerer Hitze. Braten Sie die Chilistücke, die Schalotten und den Knoblauch darin ungefähr fünf Minuten lang, bis sie weich sind. Nehmen Sie sie aus dem Topf und stellen sie beiseite.

2 Geben Sie das Rindfleisch in den Topf. Bräunen Sie es von allen Seiten an. Gießen Sie den Fond ab.

3 Fügen Sie die angebratene Chilimischung, die Hühnerbrühe, die Oliven, die Kapern und Gewürzpaprika hinzu.

4 Bringen Sie alles zum Kochen, reduzieren Sie dann die Hitze. Lassen Sie die Mischung köcheln, bis die Flüssigkeit verdampft und das Rindfleisch zart ist.

5 Erhitzen Sie in einem großen Topf Wasser. Garen Sie die Chilischoten etwa zwei bis drei Minuten lang in dem kochenden Wasser – gerade lange genug, dass sie heiß sind und anfangen, weich zu werden, aber nicht so lange, dass die Schoten ihre Form verlieren.

6 Füllen Sie die gekochten Chilischoten mit der heißen Rindfleischmischung.

Ergibt vier Portionen
Zubereitungszeit: 1 Stunde 30 Minuten

MAIS-KIRSCHPAPRIKA-RELISH

2 Eier
350 g Mais aus der Dose
4 eingelegte Kirschpaprika
2 Frühlingszwiebeln
4 EL Reisweinessig
2 EL Pflanzenöl

Vorbereitung

Eier hart kochen und abkühlen lassen.

Mais abtropfen lassen.

Kirschpaprika entkernen und in Würfel schneiden.

Frühlingszwiebeln in kleine Ringe schneiden.

Aus den gekochten Eiern das Eigelb entfernen und das Eiweiß in Würfel schneiden.

Zubereitung

1 Geben Sie den Mais, die Paprikawürfel, die Frühlingszwiebelringe und die Eiweißwürfel in eine Schüssel.

2 Verrühren Sie Essig und Öl. Gießen Sie die Mischung über die Gemüse-Ei-Mischung.

3 Lassen Sie das Relish vor dem Servieren mindestens eine Stunde lang marinieren.

Ergibt vier Portionen
Zubereitungszeit: 10 Minuten plus 1 Stunde Marinierzeit

▧ **TIPP**

Geben Sie für eine Vorspeise je eine Portion Relish über eine Avocadohälfte.

ANANAS MIT ANCHO-CHILI IN RUM

2 Ancho-Chilis
250 ml schwarzer Tee
175 ml Qualitätsrum
1 frische Ananas

▤ TIPP

Dieses erfrischende Dessert ist nach gehaltvollen Hauptgerichten ein Genuss.

Vorbereitung

Chilis für 30 Minuten in starkem, heißem Tee einweichen, dann in den Rum legen und mindestens über Nacht ziehen lassen (eher etwas länger!).

Ananas schälen und in Stücke schneiden. Dabei den Strunk entfernen.

Zubereitung

1 Legen Sie die Ananas auf eine Schale oder einzelne Teller.

2 Übergießen Sie sie vor dem Servieren mit dem Rum.

**Ergibt vier bis sechs Portionen
Zubereitungszeit: 35 Minuten, über Nacht stehen lassen, plus 10 Minuten Durchziehen vor dem Servieren**

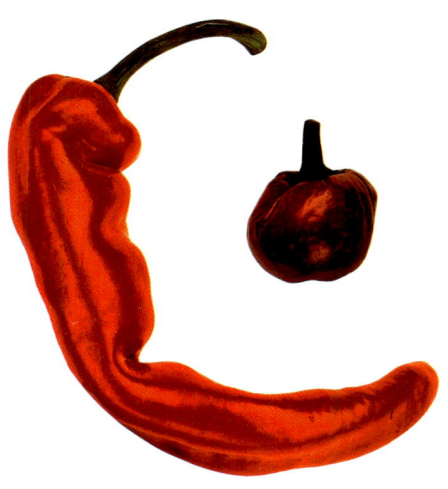

WALNUSS-PEPERONI-TÖRTCHEN

Für den Teig:
175 g kalte Butter
2 rote Peperoni
215 g Mehl
4 EL Zucker

Für die Füllung:
120 g Walnusskerne
225 g Marzipanrohmasse
3 Eigelb
150 g Zucker
175 g weiche Butter

Vorbereitung

Butter in kleine Stücke schneiden.

Peperoni entkernen und in Würfel schneiden.

Walnusskerne grob hacken.

Ofen auf 180 °C (Gas Stufe 4) vorheizen.

Zubereitung

Teig:

1 Mischen Sie das Mehl mit dem Zucker. Kneten Sie mit den Fingerspitzen die kalte Butter in die Mehlmischung, bis sich feine Streusel bilden.

2 Mischen Sie die Peperoniwürfel darunter. Spritzen Sie drei bis vier Esslöffel sehr kaltes Wasser auf den Teig und rühren ihn vorsichtig durch. Verwenden Sie gerade so viel Wasser, wie nötig ist, damit der Teig sich zu einer festen Kugel formen lässt. Legen Sie den Teig, eingeschlagen in ein Tuch, für 30 Minuten in den Kühlschrank.

Füllung:

1 Während der Teig durchkühlt, geben Sie die Marzipanrohmasse, die Eigelb, den Zucker und die Butter in einen Mixer oder eine Küchenmaschine und verrühren die Mischung zu einer glatten Masse.

2 Rollen Sie den Teig auf einer bemehlten Arbeitsfläche aus. Schneiden Sie ihn in sechs gleichgroße Stücke und drücken Sie ihn in sechs Torteletteformen mit etwa 12 Zentimeter Durchmesser.

3 Füllen Sie jedes Törtchen mit der Marzipanmischung, auf die Sie die Walnussstücke streuen.

4 Backen Sie die Törtchen etwa 20 Minuten lang bzw. bis der Teig goldbraun ist.

5 Lassen Sie sie vor dem Servieren abkühlen.

Ergibt sechs Törtchen
Zubereitungszeit: 1 Stunde 15 Minuten

Peperoncini-Martinis

4 eingelegte Peperoncini
30 ml trockener weißer Vermouth
500 ml Wodka

Zubereitung

1 Legen Sie eine ganze Peperoncini in je ein Martiniglas.

2 Schütteln Sie Vermouth und Eis in einen Cocktailshaker. Gießen Sie überschüssige Flüssigkeit ab.

3 Geben Sie den Wodka hinzu, mischen alles gut durch und seihen die Mischung in die Gläser.

Ergibt vier Gläser
Zubereitungszeit: 5 Minuten

Mittelscharf

Jalapeño-Schinken-Muffins

6 Jalapeño-Chilis
120 g Kochschinken
175 g Maismehl
215 g Weizenmehl
2 EL Backpulver
¾ Tasse Zucker
½ TL Salz
2 Eier
175 ml Milch
4 EL Pflanzenöl
3 EL Honig

Vorbereitung

Chilis entkernen und in Würfel schneiden.

Kochschinken in Würfel schneiden.

Ofen auf 180 °C (Gas Stufe 4) vorheizen.

Zubereitung

1 Mischen Sie Maismehl, Weizenmehl, Backpulver, Zucker und Salz in einer große Schüssel.

2 Verschlagen Sie die Eier mit der Milch, dem Öl und dem Honig.

3 Gießen Sie die Mischung zu der Mehlmischung. Verrühren Sie alles, bis ein glatter Teig entsteht. Heben Sie die Chili- und die Schinkenwürfel unter.

4 Gießen Sie den Teig gleichmäßig in eine beschichtete Muffinform für zwölf Muffins.

5 Backen Sie die Muffins acht Minuten bzw. solange, bis an einem Spieß, den Sie in die Mitte eines Muffins stecken, keine Teigreste mehr kleben bleiben.

Ergibt zwölf Muffins
Zubereitungszeit: 20 Minuten

Rührei mit gelben Wachspaprika und Okra

2 Frühlingszwiebeln
8–10 frische Okraschoten
2 gelbe Wachspaprika
8 Eier
30 g Butter

■ TIPP

Servieren Sie das Rührei mit Bratkartoffeln oder gebratenem Gemüse, etwa Auberginen oder Champignons.

Vorbereitung

Frühlingszwiebeln in Ringe schneiden.

Okraschoten in einen halben Zentimeter dicke Scheiben schneiden.

Wachspaprika entkernen und klein schneiden.

Eier leicht mit vier Esslöffeln Wasser verschlagen.

Zubereitung

1 Zerlassen Sie die Butter in einer großen Bratpfanne auf mittlerer Hitze. Braten Sie die Frühlingszwiebeln, die Okra- und die Paprikastücke darin etwa fünf bis zehn Minuten lang, bis sie zart sind.

2 Gießen Sie die verschlagenen Eier dazu und garen die Mischung bei reduzierter Hitze, bis sie die gewünschte Festigkeit hat.

3 Rühren Sie das Ei während des Garens gelegentlich um.

Ergibt vier Portionen
Zubereitungszeit: 20 Minuten

TOMATEN-WACHSPAPRIKA-CREMESUPPE

1 kleine Zwiebel

6 gelbe Wachspaprika

125 ml Pflanzenöl

75 g Mehl

800 g Tomatenstücke aus der Dose

250 ml Milch

1 EL Zucker

1 TL Knoblauchgranulat

1 TL getrockneter Thymian

Salz

Pfeffer

▨ TIPP

Verfeinern Sie die Suppe zum Schluss mit einem Löffel Créme frâiche.

Vorbereitung

Zwiebel hacken.

Zwei Wachspaprika entkernen und in kleine Stücke schneiden.

Vier Wachspaprika entkernen.

Zubereitung

1 Bereiten Sie eine Mehlschwitze, indem Sie das Öl in einem großen Kochtopf bei mittlerer Temperatur erhitzen, das Mehl darüber stäuben und solange verrühren, bis die Mischung glatt ist, Blasen schlägt und braun wird.

2 Braten Sie die Zwiebel- und Paprikastücke darin etwa fünf Minuten lang an. Wenn sie weich sind, gießen Sie die Tomatenstücke mit dem Saft dazu und erhitzen das Ganze unter Rühren.

3 Rühren Sie die Milch ein. Reduzieren Sie die Hitze.

4 Geben Sie Zucker, Knoblauch, Thymian, Salz und Pfeffer hinein. Die Suppe sollte noch zehn Minuten lang sieden.

5 Bringen Sie Wasser in einem großen Topf zum Kochen und legen die vier entkernten Paprikaschoten hinein. Garen Sie sie etwa fünf Minuten lang, bis sie zart sind.

6 Pürieren Sie die Schoten anschließend in einem Mixer oder einer Küchenmaschine.

7 Gießen Sie die Suppe in vier Teller. Geben Sie in die Mitte jeder Portion einen großzügigen Schlag von dem Wachspaprikapüree.

Ergibt vier Portionen
Zubereitungszeit: 45 Minuten

Marinierter Bohnen-Chipotle-Salat

450 g getrocknete weiße Bohnen

4 Chipotle-Chilis

2 Frühlingszwiebeln

2 Zweige frischer oder 1 TL getrockneter

Oregano

175 ml Olivenöl

4 EL Weißweinessig

2 EL Dijonsenf

Salz

Pfeffer

■ **TIPP**

Servieren Sie den Salat mit frischen Sprossen und Chicoréeblättern.

Vorbereitung

Bohnen über Nacht einweichen.

Chilis 20 Minuten in heißem Wasser einweichen, entkernen und in dünne Streifen schneiden.

Frühlingszwiebeln in Ringe schneiden.

Frischen Oregano hacken.

Zubereitung

1 Kochen Sie die abgetropften Bohnen mit zwei Litern frischem Wasser etwa eine Stunde lang in einen großen Kochtopf. Sie sollen gerade eben weich, aber noch nicht zerkocht sein.

2 Lassen Sie die Bohnen im Kochwasser abkühlen, gießen Sie die Bohnen später ab und geben sie in eine große Schüssel.

3 Verrühren Sie das Öl mit dem Essig und dem Senf. Gießen Sie die Marinade über die Bohnen.

4 Fügen Sie die Chilis, die Frühlingszwiebeln und den Oregano hinzu. Würzen Sie mit Salz und Pfeffer, und vermischen Sie alles gründlich. Seien Sie vorsichtig, damit die Bohnen ganz bleiben.

5 Lassen Sie den Salat vor dem Servieren mindestens 24 Stunden im Kühlschrank marinieren. Mischen Sie ihn hin und wieder durch.

Ergibt acht bis zehn Portionen
Zubereitungszeit: Einweichen über Nacht plus 2 Stunden
Zubereitung plus Marinierzeit

GARNELEN MIT GUAJILLO-CHILIS UND BASILIKUM

12 rohe Garnelen

4 Knoblauchzehen

2 Guajillo-Chilis

1 große, reife Tomate

10 grüne entsteinte Oliven

8–10 frische Basilikumblätter

Salz

225 g Spagetti oder Linguini

2 EL Olivenöl

1–2 EL Kapern

■ TIPP

Garnieren Sie jede Portion mit ein paar frischen Basilikumblättern.

Vorbereitung

Garnelen schälen und säubern.

Knoblauchzehen klein hackenkleinhacken.

Guajillo-Chilis 30 Minuten in heißem Wasser einweichen, entkernen und in dünne Streifen schneiden.

Tomate entkernen und grob zerkleinern.

Oliven halbieren.

Basilikum in Streifen schneiden.

Zubereitung

1 Erhitzen Sie in einem großen Kochtopf Wasser mit Salz und kochen die Pasta, bis sie al dente ist. Schütten Sie sie in ein Sieb, schrecken sie unter fließendem, kaltem Wasser ab, mischen einen Esslöffel Olivenöl darunter und stellen sie beiseite.

2 Bringen Sie einen zweiten Topf mit Wasser und Salz zum Kochen.

3 Während das Wasser heiß wird, bereiten Sie die Garnelen zu: Erhitzen Sie den zweiten Esslöffel Öl bei mittlerer Hitze in einer Bratpfanne. Braten Sie darin die Garnelen und den Knoblauch eine Minute lang an.

4 Fügen Sie die Chilis, die Tomatenstücke, die Oliven und die Kapern hinzu, und garen Sie die Mischung, bis die Garnelen ihre Glasigkeit verlieren und fest werden.

5 Rühren Sie den Basilikum hinein, garen Sie alles noch eine Minute lang, und nehmen Sie dann die Pfanne vom Herd.

6 Geben Sie die gekochte Pasta für etwa eine Minute in das sprudelnde Wasser – gerade lange genug, um sie zu erhitzen. Gießen Sie sie ab.

7 Verteilen die Nudeln mit der Garnelenmischung auf zwei Tellern.

Ergibt zwei Portionen
Zubereitungszeit: 45 Minuten

GEBRATENES RINDFLEISCH MIT CHIPOTLE-CHILIS

450 g Rumpsteak

4 EL Worcestersoße

4 EL Tabasco

120 ml Pflanzenöl

1 Möhre

¼ kleiner Kopf Rotkohl

1 kleine Zucchini

4 Chipotle-Chilis

1 TL Erdnussöl

16 Zuckererbsen

120 g Sojabohnenkeime

■ TIPP

Servieren Sie Reis als Beilage.

Vorbereitung

Fleisch vom Fett befreien, mit der Faser in fingerdicke Stücke schneiden und über Nacht in einer Mischung aus Worcestersoße, Tabasco und Öl im Kühlschrank zugedeckt marinieren lassen.

Möhre in dünne Streifen schneiden.

Rotkohl raspeln.

Zucchini in große Stücke schneiden.

Chilis fein hacken.

Zubereitung

1 Erhitzen Sie das Erdnussöl in einer großen Bratpfanne oder in einem Wok bei großer Hitze. Geben Sie die Möhrenstreifen, die Zuckererbsen, den Kohl und die Zucchinistücke hinein. Braten Sie das Ganze zwei Minuten lang unter ständigem Rühren an.

2 Geben Sie die gehackten Chilis und die marinierten Fleischstücke unter die Gemüsemischung und braten alles unter ständigem Wenden, bis das Fleisch gar ist.

3 Geben Sie zum Schluss die Sojabohnenkeime dazu.

4 Servieren Sie das Gericht, sobald die Sojabohnenkeime heiß sind.

Ergibt vier Portionen
Zubereitungszeit: 15 Minuten, Marinierzeit über Nacht, plus weitere 15 Minuten vor dem Servieren

Gegrilltes Lamm mit Guajillo-Chili und Spinat

300 g frischer oder tiefgekühlter Spinat
225–350 g Lammfleisch ohne Knochen
(am besten aus der Keule)
2 Spieße
1 getrockneter Guajillo-Chili
1 EL Olivenöl
1½ TL gemahlener Kreuzkümmel
½ TL getrockneter Thymian
Salz
Pfeffer

▨ TIPP

Zu diesem Gericht passen als Beilage Reis, Couscous oder geröstete Kartoffeln.

Vorbereitung

Tiefgefrorenen Spinat auftauen und abtropfen lassen.

Lammfleisch in fünf Zentimeter große Würfel schneiden und auf Spieße stecken.

Guajillo-Chili für 30 Minuten in heißem Wasser einweichen, dann entkernen und in dünne Streifen schneiden.

Heizen Sie den Grill auf höchster Stufe vor oder bereiten Sie einen Holzkohlegrill vor.

Zubereitung

1 Grillen Sie die Lammfleischwürfel, bis sie gar sind.

2 Während das Lammfleisch gart, erhitzen Sie bei mittlerer Temperatur das Olivenöl in einer Bratpfanne. Braten Sie den Chili darin etwa drei bis vier Minuten lang an.

3 Geben Sie den Kreuzkümmel und den Thymian dazu und rösten alles für eine weitere Minute.

4 Fügen Sie den Spinat hinzu und lassen ihn heiß werden. Würzen Sie mit Salz und Pfeffer.

5 Arrangieren Sie den Spinat auf zwei Tellern.

6 Wenn das Lammfleisch gar ist, legen Sie die Spieße auf die Spinatmischung.

Ergibt zwei Portionen
Zubereitungszeit: 45 Minuten

RUMPSTEAK MIT ROCOTILLO-CHILIS UND KNOBLAUCH

4–5 Knoblauchzehen
20 Rocotillo-Chilis
Salz und Pfeffer
700 g Rumpsteak im Stück
1 EL Pflanzenöl

■ TIPP

Servieren Sie das Fleisch heiß auf einem Bett von angerichtetem, grünem Salat.

Vorbereitung

Knoblauchzehen fein hacken.

Chilis wahlweise halbieren (Sie können sie auch ganz lassen) und entkernen, um die Schärfe zu mildern.

Zubereitung

1 Mischen Sie den gehackten Knoblauch mit Salz und Pfeffer und reiben damit das Rumpsteak von beiden Seiten ein.

2 Erhitzen Sie das Öl in einer großen Bratpfanne bei mittlerer Hitze. Legen Sie das Steak hinein und verringern Sie die Hitze, damit der Knoblauch nicht anbrennt. Braten Sie das Steak von beiden Seiten an.

3 Wenn es nach Wunsch gegart ist, nehmen Sie es aus der Pfanne und schneiden es diagonal gegen die Faser in Scheiben. Legen Sie die Fleischscheiben auf Teller oder auf eine Servierplatte.

4 Braten Sie die Chilis in der Pfanne bei mittlerer Hitze etwa fünf Minuten lang, bis sie zart sind. Arrangieren Sie sie auf den Fleischscheiben.

Ergibt vier Portionen
Zubereitungszeit: 25 Minuten

JALAPEÑO-MOUSSE

6–8 frische Jalapeño-Chilis
500 ml weißer Essig
100 g Zucker

Vorbereitung

Chilis entkernen und klein schneiden.

Zubereitung

1 Kochen Sie alle Zutaten in einer Pfanne kurz auf. Verringern Sie die Hitze so, dass die Mischung etwa eine Stunde lang köcheln kann und dabei dickflüssig wird.

2 Lassen Sie die Mischung abkühlen.

3 Pürieren Sie die lauwarmen Zutaten in einem Mixer oder einer Küchenmaschine. Gießen Sie sie in eine Schüssel und lassen sie darin vollständig auskühlen.

4 Stellen Sie die Schüssel zugedeckt über Nacht in den Kühlschrank, bevor Sie die Mousse servieren.

5 Sie können die Mousse mehrere Tage lang im Kühlschrank aufheben.

█ TIPP

Servieren Sie die Mousse zu Grillfleisch oder als Dip zu Rohkoststreifen.

Ergibt etwa 350 Milliliter
Zubereitungszeit: 1 Stunde 15 Minuten plus Abkühlzeit

ESSIG UND ÖL MIT CHIPOTLE-CHILI

4 Chipotle-Chilis
6 Knoblauchzehen
2 Zweige frischer Rosmarin
500 ml kaltgepresstes Olivenöl
2 Zweige frischer Thymian
500 ml Weissweinessig

■ TIPP

Verwenden Sie Essig und Öl für Salate, zum Marinieren von Fleisch und Gemüse, zum Braten oder in jedem Rezept, für das Sie ein sehr aromatisches Öl oder einen würzigen Essig brauchen.

Vorbereitung

Chilis 20 Minuten lang in heißem Wasser einweichen.

Knoblauchzehen schälen.

Zubereitung

1 Legen Sie zwei Chilis, drei Knoblauchzehen und den Rosmarin in eine Flasche Olivenöl. Verschließen Sie die Flasche mit einem Deckel oder Korken.

2 Legen Sie zwei Chilis, drei Knoblauchzehen und den Thymian in die Essigflasche. Verschließen Sie die Flasche mit einem Deckel oder Korken.

3 Lassen Sie das Öl und den Essig mindestens zwei Tage lang, wenn möglich länger, an einem kühlen, dunklen Platz ziehen, jedoch nicht im Kühlschrank. Beides hält sich mehrere Monate lang.

**Ergibt 500 Milliliter Öl und 500 Milliliter Essig
Zubereitungszeit: 20 Minuten plus Zeit zum Ziehen**

ROCOTILLO-KOKOS-SORBET

8–10 Rocotillo-Chilis

2 Limonen

300 g ungesüßte Kokosmilch aus der Dose

2 Eiweiß

Vorbereitung

Chilis entkernen und in kleine Stücke schneiden.

Limonen auspressen, Saft auffangen, Schalen wegwerfen.

Zubereitung

1 Verarbeiten Sie alle Zutaten gemäß den Anweisungen des Herstellers in einer Eismaschine mit mindestens einem Liter Fassungsvermögen.

2 Legen Sie das fertige Sorbet zum Gefrieren und Aufbewahren in das Tiefkühlfach.

Ergibt vier Portionen
Zubereitungszeit: 30 Minuten plus Gefrierzeit

KANDIERTE JALAPEÑO-CHILIS

300 g Zucker

10 Jalapeño-Chilis mit langen Stielen

Zubereitung

1 Erhitzen Sie den Zucker mit einem Achtelliter Wasser in einem Topf mit schwerem Boden bei mittlerer bis hoher Hitze. Rühren Sie dabei ständig, damit der Zucker sich auflöst. Kochen Sie die Zuckermischung bei mittlerer Hitze, bis das Zuckerthermometer etwa 130 °C anzeigt.

2 Tauchen Sie jede Chilischote, indem Sie die Chilischoten mit den Fingern oder einer Zange an den Stielen packen, in den Zuckersirup, sodass sie rundum bedeckt ist.

3 Legen Sie die Schoten zum Auskühlen auf Pergamentpapier, damit der Sirup aushärten kann.

Ergibt zehn Chilischoten
Zubereitungszeit: 30 Minuten

▓ TIPP

Wenn kein Thermometer zur Verfügung steht, testen Sie die Temperatur, indem Sie etwas Sirup in kaltes Wasser tropfen lassen. Der Sirup ist fertig, wenn er sich zu einer festen Kugel formt.

JALAPEÑO-MARGARITAS

4 Jalapeño-Chilis
500 ml Tequila
30 ml Triple Sec Likör
90 ml Limonensaft, frisch oder aus der
Flasche
grobes Salz zum Dekorieren (wahlweise)

Vorbereitung

Chilischoten längs halbieren und mindestens drei Tage lang mit Tequila bedeckt in einem verschließbaren Gefäß ziehen lassen.

Zubereitung

1 Für vier Margaritas gießen Sie 150 Milliliter Jalapeño-Tequila, den Triple Sec und den Limonensaft in einen mit Eis gefüllten Cocktailshaker.

2 Seihen Sie die Mischung nach dem Schütteln in Gläser ab, wahlweise pur oder über frische Eiswürfel.

3 Es sieht hübsch aus, wenn Sie die Gläser vorher mit dem Rand in Limonensaft und anschließend in Salz tauchen.

Ergibt vier Margaritas
Zubereitungszeit: Zeit zum Durchziehen plus
Serviervorbereitungen

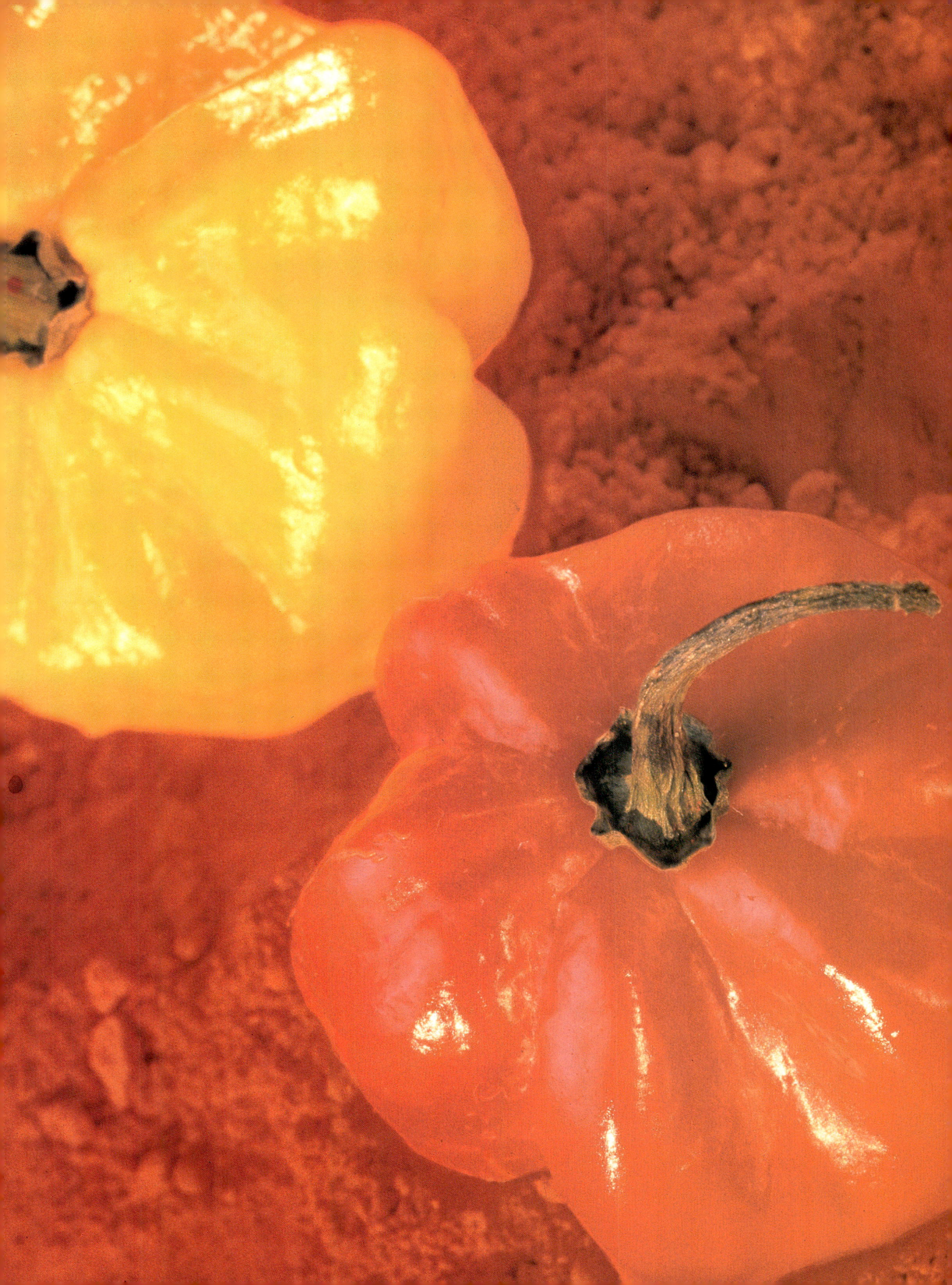

Scharf

Garnelen mit Cayenne-Majonäse

2 Zitronen
1 EL schwarze Pfefferkörner
2 Lorbeerblätter
450 g rohe Garnelen in der Schale
2 Eigelb
1 EL Dijonsenf
Saft von 1 Zitrone
375 ml Olivenöl
2 TL Cayennepfeffer

▦ **TIPP**

Garnieren Sie jede Portion mit etwas frischem Schnittlauch.

Vorbereitung

Zitronen vierteln.

Zubereitung

1 Legen Sie die Zitronenstücke, die Pfefferkörner und die Lorbeerblätter in einen großen Kochtopf. Übergießen Sie alles mit einem Liter Wasser. Lassen Sie die Mischung aufkochen und dann zehn Minuten bei niedrigerer Hitze köcheln.

2 Kochen Sie die Garnelen etwa drei bis vier Minuten lang mit, damit sie fest werden.

3 Gießen Sie das Wasser durch ein Sieb ab. Die Zitronenstücke, Pfefferkörner und Lorbeerblätter können Sie wegwerfen; die Garnelen sollen abkühlen.

4 Danach müssen sie geschält, gesäubert und in den Kühlschrank gelegt werden, bis sie kalt sind.

5 Schlagen Sie die Eigelbe, den Senf und den Zitronensaft in einer sauberen, trockenen Schüssel oder in dem Behälter einer Küchenmaschine kurz durch.

6 Fügen Sie unter ständigem Rühren das Olivenöl in einem dünnen, gleichmäßigen Strahl hinzu, bis das ganze Öl eingerührt ist und die Majonäse ihre typische Konsistenz erreicht hat.

7 Schmecken Sie mit Cayennepfeffer ab und servieren Sie die Majonäse mit den kalten Garnelen.

Ergibt vier Portionen
Zubereitungszeit: 1 Stunde

Gebackene Polenta mit Pequin-Chilis und Käse

2 EL Pequin-Chili
90 g Parmesankäse
165 g Polenta
1 TL Salz
30 g Butter
3 Eigelbe

■ TIPP

Als Beilage eignen sich Tomatensalat und frische Oliven.

Vorbereitung

Chili in einem Mixer oder einer Gewürzmühle zerkleinern.

Parmesankäse reiben.

Ofen auf 200 °C (Gas Stufe 6) vorheizen.

Zubereitung

1 Geben Sie das Maismehl mit dem Salz, der Butter, den zerkleinerten Chili und einem Liter kaltem Wasser in einen Kochtopf.

2 Lassen Sie das Ganze aufkochen und dann bei niedriger Hitze etwa 20 bis 25 Minuten lang köcheln, bis die Polenta gar ist. Rühren Sie dabei häufig um. Vorsicht, es kann arg spritzen!

3 Schlagen Sie die Eigelbe in eine Schüssel. Mengen Sie ein wenig von der warmen Polenta unter. Geben Sie die Eigelb-Polenta-Mischung in den Topf zurück und verrühren sie rasch mit der übrigen Polenta.

4 Ziehen Sie 60 Gramm von dem Käse unter und streichen die Mischung in eine etwa 20 Zentimeter große Backform. Backen Sie die Polenta etwa 20 Minuten lang.

5 Sobald sie fest ist, streuen Sie den restlichen Käse darüber und stellen die Polenta für ein paar Minuten unter den Grill, bis die Oberfläche leicht gebräunt ist.

Ergibt sechs Portionen
Zubereitungszeit: 1 Stunde

FISCHSUPPE MIT HABANERO-CHILIS

1 Stange Sellerie

1 mittelgroße Zwiebel

2 mittelgroße festkochende Kartoffeln

450 g Kabeljaufilet

4–5 Habanero-Chilis

450 g rohe Garnelen

1 EL Pflanzenöl

2 EL Knoblauchgranulat

2 EL getrockneter Thymian

2 Lorbeerblätter

1,5 l Fischbrühe

250 ml Tomatenmark

Salz

Pfeffer

▧ **TIPP**

Reichen Sie frisches Weißbrot oder Toast dazu.

Vorbereitung

Selleriestange in dünne Scheiben schneiden.

Zwiebel schälen und hacken.

Kartoffeln (wahlweise mit oder ohne Schale) in ein Zentimeter große Würfel schneiden.

Kabeljaufilet in große Stücke schneiden.

Habanero-Chilis wahlweise ganz lassen oder halbieren und entkernen, um die Schärfe zu mildern.

Garnelen schälen, säubern und quer halbieren.

Zubereitung

1 Erhitzen Sie das Öl bei mittlerer Hitze in einem großen Kochtopf. Dünsten Sie die Sellerie-, Zwiebel- und Kartoffelstücke etwa fünf bis zehn Minuten lang darin.

2 Ist das Gemüse zart, fügen Sie den Fisch, den Knoblauch, den Thymian und die Lorbeerblätter zu und dünsten alles weitere zwei bis drei Minuten.

3 Geben Sie die Fischbrühe, das Tomatenmark und die Chilis in den Topf. Lassen Sie alles kurz aufkochen und reduzieren Sie dann die Hitze, damit die Suppe 30 Minuten lang köcheln kann.

4 Fügen Sie die Garnelen hinzu. Schmecken Sie die Suppe mit Salz und Pfeffer ab. Lassen Sie sie noch etwa zwei Minuten kochen, bis die Garnelen ihre Glasigkeit verlieren.

Ergibt acht Portionen
Zubereitungszeit: 1 Stunde

SALAT MIT RINDERFILET UND THAI-CHILIS

¼ Chinakohl

1 Bund Brunnenkresse

½ Kopfsalat

150 g Bambussprossen aus der Dose

150 g Maiskölbchen aus dem Glas

4 grüne oder rote Thai-Chilis

2 Zitronen

1 EL Pflanzenöl

2 Rinderfiletsteaks à 225 g

120 frische Sojakeime

■ TIPP

**Zur Garnitur eignen sich
Mandarinenscheiben.**

Vorbereitung

Chinakohl raspeln.

Brunnenkresse grob zerrupfen.

Kopfsalat waschen und grob zerrupfen.

Bambussprossen und Maiskölbchen abtropfen lassen.

Thai-Chilis entkernen und in dünne Streifen schneiden.

Zitronen halbieren.

Zubereitung

1 Erhitzen Sie das Öl in einer Bratpfanne bei großer Hitze. Kurz bevor es raucht, geben Sie die Steaks in die Pfanne und braten sie von beiden Seiten kurz an. Reduzieren Sie die Hitze und braten Sie die Steaks, bis sie gar sind. Lassen Sie sie bis auf Zimmertemperatur abkühlen.

2 Mischen Sie den Chinakohl mit der Brunnenkresse und dem Kopfsalat und arrangieren die Blätter auf vier Tellern. Geben Sie die Bambussprossen, Maiskölbchen, Sojakeime und Chilis darüber. Träufeln Sie über jede Portion den Saft einer halben Zitrone.

3 Schneiden Sie die Filetsteaks in Scheiben und arrangieren Sie auf jedem Salat einige Scheiben.

**Ergibt vier Portionen
Zubereitungszeit: 45 Minuten**

Gebratenes Hühnchen in Pequin-Chili-Teig

2–3 EL Pequin-Chili

300 g Weizenmehl

1 TL Salz

1 TL gemahlener schwarzer Pfeffer

500 ml Pflanzenöl (am besten Erdnussöl)

8 Hähnchenteile

500 ml Buttermilch

■ **TIPP**

Als Beilage eignen sich Reis und rote Bohnen.

Vorbereitung

Pequin-Chili mit einem Mixer oder einer Gewürzmühle zerkleinern.

Zubereitung

1 Mischen Sie das Mehl, Chili, Salz und Pfeffer in einer flachen Schale.

2 Erhitzen Sie das Öl in einem hohen Kochtopf, bis es sehr heiß ist. (Das Öl ist heiß genug, wenn etwas Mehl, das hinein gestreut wird, sofort anfängt, Bläschen zu schlagen.)

3 Legen Sie ein Hähnchenteil in die Mehlmischung, und wenden Sie es darin, bis es von allen Seiten mit Mehl bedeckt ist. Tauchen Sie es dann in die Buttermilch und wenden es anschließend noch einmal in dem Mehl.

4 Legen Sie es nun vorsichtig – am besten mit einem langstieligen Schaumlöffel – in das heiße Öl, und wiederholen Sie den ganzen Vorgang mit einem oder zwei weiteren Hähnchenteilen. Achten Sie darauf, dass nicht zu viele Teile auf einmal im Kochtopf sind.

5 Frittieren Sie die Hähnchenteile, bis sie gar sind, und lassen Sie sie auf Küchenpapier abtropfen. (Sie können testen, ob das Fleisch gar ist, indem Sie mit einem Messer hinein stechen – der austretende Fleischsaft muss klar sein.) Frittieren Sie alle Hähnchenteile wie beschrieben, aber immer nur zwei oder drei Teile gleichzeitig.

Ergibt vier Portionen
Zubereitungszeit: 1 Stunde

SCHWEINELENDE MIT THAI-CHILI-BUTTER

2 rote oder grüne Thai-Chilis
1 Schweinelende
120 g Butter
Salz und Pfeffer
1 EL Pflanzenöl

Vorbereitung

Thai-Chilis entkernen und in dünne Ringe schneiden.

Fleisch einrollen und mit Garn umwickeln.

Ofen auf 180 °C (oder Gast Stufe 4) vorheizen.

Butter bei Zimmertemperatur weich werden lassen.

Zubereitung

1 Rühren Sie die Chilis in die weiche Butter und schmecken sie mit Salz und Pfeffer ab.

2 Geben Sie die Butter auf ein längliches Stück Folie oder auf Pergamentpapier von etwa 4 x 10 Zentimeter Größe. Formen Sie die Butter zu einer Rolle, indem Sie sie in die Folie oder das Papier wickeln und in den Kühlschrank legen.

3 Während die Butter fest wird, erhitzen Sie das Öl in einem flachen, feuerfesten Schmortopf bei mittlerer Hitze. Bräunen Sie die aufgerollte Schweinelende darin von allen Seiten leicht an.

4 Stellen Sie den Topf in den Ofen. Das Fleisch sollte etwa 40 Minuten lang schmoren, bis es sich fest anfühlt.

5 Nehmen Sie den Schmortopf aus dem Ofen. Lösen Sie das Garn ab, und schneiden Sie das Fleisch in Scheiben.

6 Legen Sie eine etwa fünf Millimeter dicke Scheibe der erkalteten Butter auf jede Fleischportion.

Ergibt vier Portionen
Zubereitungszeit: 1 Stunde 30 Minuten

■ **TIPP**

Butter lässt sich für mehrere Wochen einfrieren.

Árbol-Chili con Carne

1 grüne Gemüsepaprika

1 Zwiebel

225 g Rindfleisch

1 EL Pflanzenöl

350 g Rinderhackfleisch

300 ml Hühnerbrühe

3 ganze getrocknete Árbol-Chilis

2 EL gemahlener Kreuzkümmel

2 EL Chilipulver

2 EL Knoblauchgranulat

Salz

Pfeffer

▤ TIPP

Servieren Sie das Chili mit weißen Bohnen oder Pasta, entweder mit dem Chili vermischt oder als Beilage.

Vorbereitung

Gemüsepaprika entkernen und in kleine Stücke schneiden.

Zwiebel schälen und klein schneiden.

Rindfleisch in ein Zentimeter große Würfel schneiden.

Zubereitung

1 Erhitzen Sie das Öl bei mittlerer Hitze in einem großen Kochtopf. Schmoren Sie darin die Zwiebel und die Paprikastücke etwa fünf Minuten lang an, bis sie weich sind.

2 Nehmen Sie Zwiebel und Paprika aus dem Topf und braten darin das Hackfleisch und die Rindfleischwürfel etwa zehn Minuten lang, bis alles gut durchgegart ist. Gießen Sie das Fett ab, und geben Sie die geschmorten Paprika- und Zwiebelstücke wieder zum Fleisch.

3 Fügen Sie die Hühnerbrühe, die Árbol-Chilis, den Kreuzkümmel, das Chilipulver, den Knoblauch sowie Salz und Pfeffer hinzu. Lassen Sie die Mischung etwa eine Stunde bei niedriger Temperatur köcheln, bis die Flüssigkeit fast vollständig verdampft ist.

Ergibt vier Portionen
Zubereitungszeit: 1 Stunde 30 Minuten

Chutney aus Habanero-Chili, Zwiebel und Koriander

1 große Zwiebel
6 Habanero-Chilis
1 unbehandelte Orange
6 Pflaumen
2 große Zweige frischer Koriander
1 EL Pflanzenöl
4 EL Zucker
4 EL Rum

Vorbereitung

Zwiebel in Hälften und dann in halbe Ringe schneiden.

Habanero-Chilis in große Stücke schneiden (Samen und Scheidewände entfernen, um die Schärfe zu mildern).

Orange dünn schälen, Schale in Streifen schneiden.

Pflaumen entsteinen und vierteln.

Blätter von den Korianderzweigen entfernen und aufbewahren.

Zubereitung

1 Erhitzen Sie das Öl in einem mittelgroßen Kochtopf bei mittlerer Hitze. Dünsten Sie darin die Zwiebeln etwa fünf Minuten lang, bis sie weich sind.

2 Fügen Sie die Chilistücke, Orangenschale, Pflaumenstücke und Korianderzweige hinzu. Schmoren Sie das Ganze drei bis vier Minuten lang.

3 Gießen Sie Wasser dazu, bis die Mischung bedeckt ist, und rühren Sie den Zucker ein.

4 Bringen Sie das Ganze zum Kochen, reduzieren Sie die Hitze, und lassen Sie die Mischung etwa zehn Minuten lang köcheln, bis die Flüssigkeit reduziert ist.

5 Nachdem das Chutney abgekühlt ist, nehmen Sie die Korianderzweige heraus und rühren die Korianderblätter und den Rum hinein.

■ TIPP

Servieren Sie das Chutney zu Fleisch oder frischem Brot.

Ergibt ungefähr 350 Milliliter Chutney
Zubereitungszeit: 30 Minuten plus Abkühlzeit

Scharfe Habanero-Chili-Sosse

10 Habanero-Chilis
4 EL Apfelessig
1 EL Salz
1 EL Zucker

Zubereitung

1 Hacken Sie die Chilis fein (Samen wahlweise entfernen).

2 Mischen Sie alle Zutaten in einer Schüssel.

Ergibt 175 Milliliter Soße
Zubereitungszeit: 15 Minuten

■ TIPP

Die Soße hält sich im Kühlschrank mehrere Wochen lang.

Serrano-Ingwer-Süssspeise

1 EL frischer Ingwer

3 rote oder grüne Serrano-Chilis

4 Eier

200 g Zucker

2 EL Orangenlikör

1 l Sahne

Vorbereitung

Ingwer schälen und klein hacken.

Chilis entkernen und in Würfel schneiden.

Zubereitung

1 Verschlagen Sie die Eier im oberen Teil eines Wasserbades, auch Marie Bain genannt, oder in einer feuerfesten Glasschüssel mit dem Zucker. Rühren Sie den Likör, den Ingwer, die Chilis und die Sahne ein.

2 Stellen Sie das Gefäß über (nicht in!) siedendes Wasser, und garen sie die Mischung etwa 30 Minuten lang unter ständigem Rühren, bis sie dick wird.

3 Gießen Sie die Mischung in Dessertschalen, und stellen Sie sie zum Festwerden für etwa zwei Stunden in den Kühlschrank.

Ergibt acht Portionen
Zubereitungszeit: 45 Minuten plus Abkühlzeit

Mangos mit Cayenne-Melonen-Sosse

2 Mangos
1 Charentais-Melone
2 getrocknete Schoten Cayennepfeffer

Vorbereitung

Mangos schälen und in längliche Stücke schneiden.

Melone entkernen, Melonenfleisch von der Schale lösen und in kleine Würfel schneiden.

Cayennepfeffer zerkleinern (Samen wahlweise entfernen).

Zubereitung

1 Arrangieren Sie die Mangostücke auf vier Tellern.

2 Erhitzen Sie die Melonenwürfel und die zerkleinerten Pfefferschoten bei großer Hitze in einem Kochtopf. Lassen Sie die Mischung etwa ein bis zwei Minuten lang kochen.

3 Nehmen Sie den Topf vom Herd.

4 Geben Sie die heiße Soße mit einem Löffel über die Mangostücke.

Ergibt vier bis sechs Portionen
Zubereitungszeit: 15 Minuten

■ TIPP

Diese Nachspeise ist die Krönung eines pikanten Menüs.

Serrano-Rum

1 Vanillestange
6–8 Serrano-Chilis
1 Flasche (0,75 l) dunkler Qualitätsrum
2–3 Zimtstangen
3 ganze Nelken

Vorbereitung

Vanillestangen der Länge nach aufschneiden.

Serrano-Chilis der Länge nach halbieren und entkernen.

Zubereitung

1 Geben Sie alle Zutaten mit dem Rum in ein verschließbares Gefäß und lassen Sie die Mischung mindestens eine Woche lang ziehen.

2 Das Aroma entwickelt sich mit der Zeit – der Rum hält mehrere Monate lang.

Ergibt etwa 700 Milliliter
Zubereitungszeit: 5 Minuten plus Zeit zum Ziehen

ALPHABETISCHES REZEPTVERZEICHNIS

REZEPTVERZEICHNIS NACH PAPRIKASORTEN